LETTRE CIRCULAIRE

DE

Mgr l'Evêque de Bayonne, Lescar et Oloron

A MM. LES CURÉS, VICAIRES ET AUMONIERS

directeurs d'Œuvres de Jeunesse dans le Diocèse

A L'OCCASION DES BOY-SCOUTS

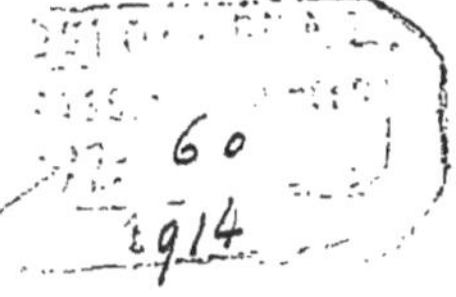

BAYONNE

IMPRIMERIE, LITHOGRAPHIE L. LASSERRE, 20, RUE GAMBETTA

1914

LETTRE CIRCULAIRE

DE

M⁰ʳ l'Evêque de Bayonne, Lescar et Oloron

A MM. LES CURÉS, VICAIRES ET AUMONIERS

directeurs d'Œuvres de Jeunesse dans le Diocèse

A L'OCCASION DES BOY-SCOUTS

Mes Bien Chers Messieurs,

Dans le courant de la semaine dernière, les feuilles de la région annonçaient qu'une section d'Éclaireurs de France ou Boy-Scouts était instituée à Bayonne ; elles exposaient tout au long leur programme, conforme d'ailleurs à celui du *Manuel* des Éclaireurs de France.

A Pau, il y a bientôt deux ans, une tentative du même genre fut faite. Les journaux nous apprennent que la section paloise définitivement fondée, a fait, il y a huit jours, sa première sortie.

Pour le plus grand nombre, ce mot *Boy-Scouts* ne dit rien ou pas grand'chose. Il est de notre devoir d'éclairer les esprits sur cette institution, qui a pris en certains pays un grand développement, que beaucoup d'évêques français ont condamnée. A votre tour, Mes Chers Messieurs, vous porterez Nos enseignements auprès de tous ceux qu'il importe de prémunir contre un danger qui ne va à rien moins qu'à mettre en péril sérieux la foi des enfants.

Nous essaierons de répondre à cette double question : Qu'est-ce qu'un Boy-Scout ? Que faut-il penser des groupements de jeunesse institués sous ce nom ?

Nous avons hâte de le dire : Nous ne faisons pas et ne voulons pas faire œuvre de polémique. Parmi ceux qui patronnent les Boy-Scouts, il se rencontre des chrétiens sincères et généreux, des patriotes ardents, que Nous serions désolé de contrister ou de blesser. Mais l'Évêque est le gardien de la foi dans son diocèse ; Nous avons donc le devoir d'instruire, d'éclairer, de prémunir, contre tout danger les âmes dont Nous répondons devant Dieu. Nous le ferons en toute vérité et charité.

I

Qu'est-ce qu'un Boy-Scout ?

Un général anglais protestant, sir Baden Powel, ayant fait la guerre au Transvaal, estima, à son retour en Angleterre, que la civilisation actuelle avec ses chemins de fer, ses trams, ses taxi-autos, ses cinémas, ses matchs de football, etc., etc., était en train de faire de l'humanité un peuple de badauds. Il convenait de remédier au plus tôt à cet état de choses en demandant des leçons aux non civilisés. A l'école de la vie sauvage, on retrouverait les énergies perdues.

En effet, toujours d'après le général anglais, les Européens qui vivent aux avant-postes des colonies, et qui sont les *éclaireurs* de la civilisation, obligés de se défendre, d'attaquer, de conquérir, deviennent nécessairement des modèles d'endurance, de virilité (1). Ces éclaireurs, le général les propose à l'imitation de ses jeunes compatriotes ; d'où le nom de *Boy-Scouts* donné à ceux, qui, sans aller aux extrémités du monde, se donneront le simulacre, les fatigues et le luxe de la vie sauvage en plein pays civilisé, en vue d'obtenir la vigueur qui leur fait défaut. (*Boy*, enfant, *Scout*, éclaireur).

A l'éducation physique, le général voulut joindre l'éducation morale. Estimant sans doute que la religion chrétienne était insuffisante ou inutile pour la formation de ces nouveaux athlètes, il institua la *religion de l'honneur*, résumée en dix commandements et en un serment par lequel le nouvel adhérent s'engage sur l'honneur à remplir son devoir envers Dieu, envers le roi, envers le prochain, et à obéir à la loi Scout.

L'idée lancée avec grand fracas obtint, dès les débuts, des succès inespérés. Dans les pays protestants, en Angleterre, dans l'Amérique du Nord, en Allemagne, la vogue fut extraordinaire. C'était nouveau, le costume était pittoresque. Dans les pays catholiques, en Italie, en Espagne, en

______

(1) Ces qualités d'endurance, les Sauvages les développent chez leurs enfants. Sir Baden Powel prend un exemple chez les Zoulous :

« Quand un adolescent désire compter pour un homme, il ne fait pas comme les jeunes gens civilisés, qui se mettent à fumer des cigarettes : il doit faire voir ce dont il est capable. Il est déshabillé, passé au blanc sur tout le corps, muni d'un bouclier et d'une sagaie, conduit hors du village, puis invité à se tirer d'affaire par ses propres moyens jusqu'à ce que sa couche de peinture ait disparu. Ceci demande un mois ou deux. En attendant, il doit veiller à ne pas se montrer, car s'il est aperçu, il est tué ; il a à se défendre des bêtes sauvages, à se procurer sa nourriture, avec sa lance ou avec des pièges, à se vêtir, à faire son feu... Lorsque la peinture est partie, il peut rentrer, — s'il est encore en vie. Il est alors accueilli avec de grandes marques d'allégresse et reçu au nombre des guerriers : il a prouvé qu'il savait se suffire à lui-même. »

Le général Baden-Povell ajoute :

« J'aimerais assez une formation de ce genre pour nos jeunes gens ».

Belgique, où les œuvres de jeunesse étaient encore peu connues et peu pratiquées, on céda à l'engouement. Mais la défiance vint vite. L'Italie ne marche plus ; l'Espagne se recueille. En Belgique, les évêques s'aperçurent que ces groupements étaient sous l'influence maçonnique ; ils les transformèrent et mirent cette jeunesse catholique sous la direction immédiate des prêtres. Rome approuva ces Scouts belges catholicisés. Les évêques d'Angleterre suivirent l'exemple des évêques Belges.

Qu'allait-il se passer en France, où les œuvres de jeunesse catholique étaient nombreuses et prospères ?

Quatre centres d'influences préparèrent l'introduction des Boy-Scouts en France : les *Unions chrétiennes* protestantes, à Paris ; la Société des Sports populaires, un groupe rattaché à la direction de l'école des Roches, et enfin le gouvernement français qui sut, à l'occasion, donner des marques de sympathie et multiplier les encouragements (1).

Deux organisations sortirent de ces efforts combinés : d'abord celle des *Éclaireurs français. La Ligue d'éducation nationale,* dans laquelle voisinent les noms de quelques rares catholiques à côté de noms plus nombreux de francs-maçons, de juifs, de protestants, créa les *Éclaireurs français.*

Les *Éclaireurs français,* comme ceux du général Anglais, auront une *Loi* exprimée en dix commandements que voici :

1. Aime ta patrie par-dessus tout.

2. Aie le culte de la justice, de l'honneur, et le respect de la parole.

3. Déteste le mensonge et la lâcheté.

4. Sois dur envers toi-même, doux, poli et serviable envers les autres.

5. Obéis joyeusement sans te plaindre ni récriminer.

(1) Voir la brochure : *La Question des Boy-Scouts ou Éclaireurs de France,* par M. Copin Albancelli ; étude très documentée, à consulter par ceux qui voudront connaître la question.

6. Ne sois jamais bavard ni fanfaron, mais tenace **en tes entre-**prises.

7. Sois toujours prêt à aider les faibles et à tenter un sauvetage même au péril de ta vie.

8. Sois toujours sobre, gai et de sang-froid, propre au physique et au moral.

9. Sois bon pour les animaux.

10. Cherche chaque jour à accomplir une bonne action ou un acte utile à tes semblables.

Les Éclaireurs français suppriment le serment exigé par Sir Baden Powel et le remplacent par un engagement d'honneur d'obéir aux dix commandements. Il n'est plus question de *devoirs envers Dieu :* on déclare *qu'on laissera de côté les préoccupations politiques et religieuses.* C'est une association nettement neutre et laïque.

En face des *Éclaireurs français* se dresse bientôt une seconde association de Boy-Scouts : les *Éclaireurs de France.* C'étaient, avec une étiquette légèrement différente, les mêmes organisateurs, le même but poursuivi, les mêmes méthodes d'organisation et d'action. A ceux qui contestaient l'utilité de cette seconde association, on fit comprendre que les *Éclaireurs de France* avaient la charge d'appeler et de recruter la clientèle catholique.

Les *Éclaireurs de France* eurent leur Loi en douze commandements :

1. La parole d'un Éclaireur est sacrée. Il met son honneur au dessus de tout, même au-dessus de sa propre vie.

2. L'Éclaireur sait obéir. Il comprend que la discipline est une nécessité d'intérêt général.

3. L'Éclaireur est un homme d'initiative.

4. L'Éclaireur prend en toute circonstance la responsabilité de ses actes.

5. L'Éclaireur est courtois et loyal envers tous.

6. L'Éclaireur considère tous les autres Éclaireurs comme ses frères, sans distinction de classe sociale,

7. L'Éclaireur est généreux et vaillant, toujours prêt à se porter à l'aide des faibles, même au péril de sa vie.

8. L'Éclaireur fait chaque jour une bonne action, si modeste soit-elle.

9. L'Éclaireur aime les animaux et s'oppose à toute cruauté à leur égard.

10. L'Éclaireur est toujours gai, enthousiaste et cherche le bon côté de toute chose.

11. L'Éclaireur est économe et respectueux du bien d'autrui.

12. L'Éclaireur a le souci constant de sa dignité et du respect de soi-même.

Pour les chrétiens, les devoirs envers Dieu, et la religion sont la base de toute morale. Pour l'*Éclaireur de France*, la religion ne compte pas à ce point de vue ; voici, (en effet, ce qu'on lit dans son *Manuel :* « l'honneur et la fidélité à la parole donnée nous paraissaient former *la base morale la plus solide* ».

L'*Éclaireur de France* fera un serment ; il n'y est pas parlé de Dieu. Cependant, comme il ne faut pas effaroucher les catholiques, le *Manuel* porte *qu'il ne sera pas interdit* à ceux qui ont une foi religieuse de faire figurer dans le serment la formule de fidélité à Dieu.

En réalité, les Éclaireurs de France, comme les Éclaireurs français, sont une association essentiellement neutre, laïque.

II

Que faut-il penser des Boy-Scouts ? Nous pensons que c'est une institution suspecte, dangereuse, inutile ; elle est réprouvée par l'Église.

C'est une institution *suspecte*. Qui l'a suscitée, encouragée, organisée, en France ? Les protestants. L'*Espérance*, feuille protestante, écrivait en 1912 que les *Unions chrétiennes* (protestantes) ont lancé le mouvement :

« Ici et là, qui a fourni des idées pratiques à ces Ligues (*Ligue d'éducation nationale, Éclaireurs français, Éclaireurs de France)*? qui leur a présenté un mouvement organisé ? Qui a aidé à former des chefs éclaireurs pour la Ligue d'éducation nationale ? Ce sont des nôtres, ce sont nos *Unions;* nous en sommes fiers à juste titre. Il faut ajouter, d'ailleurs, que ce sont les *Unions* chrétiennes qui sont les mieux qualifiées pour faire rendre au mouvement son maximum de résultat ».

On lit les lignes qui suivent dans le *Manuel* de l'Éclaireur Unioniste :

« Dans tous les pays qui possèdent des *Unions chrétiennes*, celles-ci ont été les premières à organiser des Éclaireurs, *et elles en assurent dans plusieurs États la direction générale* ».

Les *Unions* (protestantes) ont fait mieux . elles ont organisé des groupes d'Éclaireurs uniquement composés de protestants, où les catholiques ne sont pas admis, et d'autres, appelés neutres, où les catholiques sont invités à entrer, groupés cependant sous l'influence protestante, puisque, on vient de le voir, les *Unions* se glorifient de *diriger* tous les groupes d'Éclaireurs.

Si les protestants sont l'âme de ce mouvement, le gouvernement français le protège, l'encourage :

« Le lieutenant de vaisseau Benoît avait été désigné pour servir à la première section de l'État major général, du 20 avril au 20 août 1911, et *autorisé* à essayer d'organiser le scoutisme en France. *Il reçut même du ministère un témoignage officiel de satisfaction pour un travail qu'il présenta sur la question.* Il fut désigné, un peu plus tard, pour embarquer sur un contre-torpilleur à Bizerte. Mais il avait eu le temps d'entrer en rapports avec le groupe de l'École des Roches, auquel il semble qu'il ait transmis tout à la fois le bénéfice de ses travaux, en même temps que celui de la bienveillance et de l'appui du gouvernement. Or, ce groupe de l'École des Roches est celui dans lequel sont spécialement attirés les jeunes catholiques, ainsi que nous le verrons plus tard. Il apparaît ainsi que le gouvernement maçonnique, comme les journaux maçonniques et comme les

Unions Chrétiennes protestantes, a intérêt à ce que les catholiques adhèrent aux groupements de Boy-Scouts neutres. » (1)

Ces témoignages sont significatifs ; ils suffisent largement à rendre cette institution suspecte.

Elle est plus que suspecte. Elle est *dangereuse.*

Car elle ne vise à rien moins qu'à ruiner les Œuvres de jeunesse catholiques et à imposer aux jeunes gens une mentalité *protestante* en les conduisant d'abord à l'indifférentisme.

Au moment où le Scoutisme fit son apparition en France, il y avait déjà sur toute la surface du pays de nombreux patronages catholiques. Sous la direction du docteur Michaux, étaient constituées et fédérées des sections de gymnastique ; cent trente mille jeunes gens font partie de cette fédération ; ils pratiquent tous les sports ; mais leur éducation est ouvertement catholique, nettement confessionnelle.

Cette puissance, les *Unions chrétiennes protestantes* projetèrent de la dissoudre ou de la confisquer à leur profit : « on se dispute la jeunesse, écrit un pasteur protestant dans l'*Espérance* de janvier 1913 ; cette conclusion s'impose : si les *Unions chrétiennes* n'existaient pas, il faudrait d'urgence les créer ».

« En proclamant l'idée de neutralité, le gouvernement et les Unions Chrétiennes pouvaient espérer désagréger à la longue cette œuvre de la Fédération des Sociétés de gymnastique catholiques qui est si flo-

(1) Copin-Albancelli, id., p. 17.
L'exemple du lieutenant de vaisseau Benoît n'est pas unique. Dans notre région, des officiers, d'une correction d'attitude, d'une honorabilité parfaites, patronnent, dirigent, propagent l'institution des Boy-Scouts. Les gouvernements maçonniques qui président aux destinées de la France ne toléreraient pas un instant cet apostolat de nos officiers si l'œuvre des Boy-Scouts, par son caractère de neutralité, ne lui conciliait toutes leurs sympathies. Si les patronages catholiques, qui préparent aussi, et l'on sait avec quel succès ! de bons soldats à la patrie demandaient la même faveur... On devine la réponse.

rissante et à laquelle vont un assez grand nombre d'élèves des écoles laïques.

« Toutefois, pour les Unions Chrétiennes, ce n'était pas assez. Il fallait que le protestantisme bénéficiât directement du mouvement scoutiste dont il était partout le premier promoteur. Pour cela, il suffisait de juxtaposer aux associations de Boy-Scouts neutres, des associations de Boy-Scouts protestants, et de préparer pour l'avenir une Fédération des unes et des autres. Le jour où cette Fédération se trouverait réalisée, qu'arriverait il ? Que les Boy-Scouts catholiques seraient réunis aux Boy-Scouts protestants, dans les conditions suivantes : l'âme catholique se trouverait « neutralisée », accoutumée à se taire dans les groupements neutres, contaminée par l'acceptation, comme base de morale, du principe de la connaissance du bien et du mal innée chez l'enfant ; asservie par le serment d'obéissance à la « Loi Scout » — la loi qui proclame un tel principe ! — tandis qu'au contraire, l'âme religieuse protestante se trouverait exaltée dans les groupements de Boy-Scouts protestants... Il est facile de se rendre compte du résultat d'un contact établi dans de pareilles conditions. C'est l'âme protestante qui deviendrait l'âme de la Fédération. Autrement dit, ce serait la protestantisation de la jeunesse française, c'est-à-dire l'obtention du but rêvé par les Unions Chrétiennes, ainsi que nous le révélait tout à l'heure le dernier document que nous avons cité ». (1)

Tel est le but sournoisement poursuivi par les *Unions*. Ce travail souterrain, persévérant, de propagande protestante, le voici bien décrit :

« N'est-ce pas un excellent moyen, pour réussir, que de créer un nouveau type d'associations post-scolaires offrant à l'imagination des enfants quelque chose de plus attrayant que ce qui leur est donné dans les œuvres catholiques ? On aura ainsi chance de désagréger peu à peu celles-ci. On attirera les jeunes catholiques, on les soustraira, dans une certaine mesure, à l'influence de l'enseignement qu'ils recevaient dans les associations confessionnelles. Au besoin, on pourrait déclarer qu'on ne veut faire aucune concurrence à celles-ci.

« Qu'importe une déclaration, alors que la concurrence se fera d'elle-même par la force des choses ? On neutralisera l'éducation que ces mêmes jeunes catholiques pourraient recevoir dans leur famille,

(1) Copin-Albancelli, id., p. 39-40.

tout en faisant profession de respecter infiniment celle-ci. Là encore, l'opération se réalisera d'elle-même, en dépit de toutes les affirmations, pour ainsi dire mécaniquement. On s'appliquera, du reste, à séduire les parents par la largeur, la bienveillance même du programme de neutralité auquel on déclarera se rallier dans le seul but de recréer l'union dans la nation. On étayera sur ce principe de neutralité un enseignement moral sans solidité, parce qu'il sera sans base ; mais, en même temps on donnera dans certains compartiments des mêmes associations, un enseignement moral adéquat au premier, mais basé, lui, sur un principe religieux, le principe protestant, qui se trouvera ainsi destiné à bénéficier, au nom de la logique et par la force des choses, des suggestions jetées, en guise de préparation, dans les compartiments neutres.

« Qui ne voit que ce serait vraiment un miracle si, grâce à une pareille manœuvre, le Protestantisme ne se trouvait substitué dans l'âme de la jeunesse, c'est-à-dire dans l'âme de la nation française de demain, au Catholicisme effacé ? Or, c'est précisément cette manœuvre qui est effectuée en France depuis que le mouvement scout est lancé et depuis que les associations de Boys-Scouts neutres sont patronnées par certains catholiques aussi inconscients que ceux qui entraient dans les Loges au XVIIIe siècle. Nous pouvons donc conclure que, sans que ces catholiques s'en doutent, leurs associations de Boy-Scouts ne sont que les antichambres du Protestantisme. Ils ont beau essayer de justifier leur conduite par la nécessité de l'union. On voit au profit de qui une telle union serait réalisée (1).

En effet, pour décatholiciser lentement mais sûrement nos jeunes gens, on leur offre *la religion de l'honneur*, on leur parle de justice, de vérité, de conscience, on leur parle de ressort « qui fait bondir la volonté, » d'honneur qui est « le miroir de la conscience, » de la loyauté « monnaie d'échange. » Nous le demandons, quelle impression bienfaisante peut se dégager, pour les enfants, de ce jargon solennel, prétentieux, de ces formules sonores, mais pour eux vides de sens ?

C'est la morale neutre dans toute sa beauté, c'est la phraséologie ordinaire des francs-maçons. On affecte de se passer de Dieu ; on l'ignore ; on a renoncé à la vieille

(1) Copin-Albancelli, id., p. 50-51.

morale de nos pères, à la morale chrétienne. Or — « si vous faites abstraction de Dieu, écrivait un philosophe français, le devoir ne repose plus que sur un absolu néant. ». (1) Toute morale qui exclut la religion mène fatalement à l'incrédulité, à l'athéisme, à l'anarchie individuelle et sociale. L'expérience se poursuit depuis quelques années en France où l'on a introduit la neutralité à l'école ; le résultat est là, indéniable, douloureux. Un maître de l'Université libre-penseur fait cet aveu : « La jeunesse française est moralement abandonnée ». (2) Un député révolutionnaire plein de franchise, s'écriera à la tribune : « En faisant disparaître Dieu de l'enseignement, vous avez fait disparaître toute morale ;.... de nos enfants vous faites des apaches. » (3) — Un autre député de la même école disait : « Donner à l'enfant des connaissances sans lui enseigner la foi, c'est la lui ôter. L'école sans Dieu est l'école contre Dieu. » (4)

Aussi et en réalité les *Unions* protestantes aboutissent-elles à de cruels désenchantements. En travaillant à vider l'âme de nos enfants de toute croyance catholique, elles espéraient préparer un excellent terrain pour leur apostolat et substituer sans effort le protestantisme au catholicisme. Mais avec une logique impitoyable, l'enfant à qui l'on a laissé ignorer Dieu, franchissant d'un bond toutes les étapes, aboutit à l'athéisme ; il ne veut plus d'aucune religion. Si Dieu lui est inconnu, il n'a plus que la crainte des hommes ; la criminalité des enfants augmente en des proportions effrayantes, montre que ce frein des représentants de la loi est un épouvantail dont il se rit.

Il semble d'ailleurs que les protestants commencent à s'apercevoir de l'inanité et du danger de leur propagande.

(1) M. Barthélemy St-Hilaire.
(2) M. Lavisse.
(3) M. Allard.
(4) M. Sembat.

Voici ce qu'écrivait tout récemment un pasteur protestant dans l'*Église libre :*

Le numéro du 2 janvier de votre journal contient une lettre de M. Ch. Schneider, dans laquelle ce frère présente ce qu'il appelle *la tentative des Éclaireurs* comme un moyen essayé par *quelques hommes* pour *établir le contact entre les jeunes et l'Evangile.*

Au point de vue des méthodes d'éducation, et surtout au point de vue de l'esprit chrétien, je fais, en ce qui me concerne, les plus sérieuses réserves sur le Manuel des éclaireurs unionistes.

Ceci étant dit, je me permettrai de relever, dans la lettre de votre correspondant, quelques assertions qui m'ont paru bien étranges et que je crois contraires à la réalité et à la possibilité des faits.

Pour expliquer l'absence des jeunes gens aux cultes du dimanche, M. Schneider donne à entendre qu'ils ne trouvent pas dans ces cultes la *satisfaction de leurs besoins religieux.* Je crois, au contraire, que *c'est l'absence des besoins religieux chez ces jeunes gens qui explique, en général, leur éloignement du culte.*

Si les sorties dominicales des Éclaireurs contribuent à ce résultat (ce qui est, à mes yeux, plus que douteux) on ne pourra que s'en réjouir. Seulement, lorsque ces jeunes gens auront, dans leurs cœurs, de véritables besoins religieux chrétiens, ils voudront assister aux cultes du dimanche, et on peut tenir pour certain qu'alors les sections d'Éclaireurs qui se livrent à leurs travaux, à leurs exercices et à leurs plaisirs le dimanche, leur apparaîtront comme faisant obstacle au développement de la vie chrétienne et à la sanctification du jour du Seigneur.

Lorsqu'il parle d'établir ou de rétablir, par la *tentative des Éclaireurs,* le contact entre les jeunes et l'Evangile, M. Schneider vise les jeunes gens qui ont rompu avec les églises et avec les cultes. On ne peut que louer une sollicitude si bien placée, *et je conclus de ce fait que M. Schneider se garderait bien d'enrôler dans des sections d'Éclaireurs, en vue des sorties du dimanche, les jeunes garçons qui suivent les instructions religieuses et qui, par cela même, n'ont pas besoin qu'on les mette en contact avec l'Évangile, puisque ce contact existe pour eux.*

C'est, en quelques mots très brefs, la condamnation des méthodes en honneur chez les Boy-Scouts et la pleine justification de la conduite des évêques. Les protestants eux-mêmes, après expérience faite, dénoncent le péril des

Boy-Scouts ; il y a eu déception. On ne fait pas des pro-
estants ; on fait des libres-penseurs.

L'institution des Boy-Scouts est *inutile* pour les catho-
iques de France. Dans chaque département, sous le nom
le Patronages, il s'est créé des centaines d'Associations de
eunes gens catholiques. La Fédération que dirige le doc-
eur Michaux compte, nous l'avons déjà dit, 130,000 adhé-
rents ; et combien d'autres groupes indépendants ou sim-
plement diocésains !

Nous n'avons donc pas besoin qu'on nous apprenne à
fonder des Œuvres qui assurent à la jeunesse une éducation à la fois physique et morale.

On les a vus, nos gymnastes catholiques, défiler dans les
grandes villes de France ; on les vit, l'an dernier, au nombre de 2,000 à Bayonne. Superbes d'allure, d'entrain, de
discipline, ils arrachaient à la foule des cris d'admiration.
Dans les exercices de gymnastique, leurs corps souples,
robustes, agiles, dénonçaient une vigueur et une endurance tout à l'éloge de la race et de l'éducation physique
qui leur était donnée. Et cependant, ils n'avaient pas
demandé le secret de cette virilité aux sauvages; ils n'a-
vaient pas pris des Zoulous pour modèles ou professeurs
d'énergie. Ils n'avaient pas fait des expéditions dans les
forêts des Landes, sur les pics des Pyrénées, *armés de gour-
des, de sifflets, de hachettes, d'effets de campement !*....

Les Boy-Scouts de France se sont donné le nom de
Débrouillards pour bien marquer le but de leurs efforts.
Beaucoup penseront — les parents des jeunes gens surtout — que, pour devenir débrouillards, les enfants de
notre région peuvent se passer de maîtres. Cette science
est innée chez la plupart et n'a pas besoin de longues
expériences en pays lointain pour être portée à son maximum de développement.

Pour la culture morale, les groupes catholiques peuvent défier toutes les associations rivales. De l'aveu de tous, amis et adversaires, ils renferment une élite. Nos jeunes gens ne s'embarrassent pas dans les grands mots d'honneur, de fidélité, de loyauté, d'amour de la patrie. Ces choses, ils les ont apprises dans les commandements de Dieu, au catéchisme, dans leur famille; ils les pratiquent naturellement, sans ostentation. Qui donc en pourrait remontrer aux catholiques pour l'amour de la patrie ! Ce n'est pas parmi eux que l'on trouvera des antimilitaristes. Mais, en outre, nos enfants croient en Dieu; ils se confessent; ils communient. Voilà encore et surtout, le secret de leur force et de leur vertu.

Qu'avons-nous donc besoin d'institutions étrangères, opposées à nos croyances, alors que déjà nous possédons des organisations parfaites ! Comment des parents catholiques pourraient-ils hésiter ! Que les libres-penseurs, les francs-maçons, les protestants inscrivent leurs enfants chez les Boy-Scouts, cela peut se comprendre. Un catholique n'a aucun motif de les imiter; il en a, au contraire, beaucoup pour ne pas les suivre.

En effet, les Associations de ce genre où la neutralité est officiellement invoquée comme règle de conduite et d'action sont formellement *condamnées* par l'Église.

Écoutons les enseignements de Léon XIII :

« Dans les pays catholiques, on ne doit pas favoriser ou propager les associations mixtes composées de catholiques et de non catholiques, c'est-à-dire d'hommes admettant les doctrines et l'autorité de l'Eglise dans les questions sociales, et d'hommes ne les admettant pas. » (1).

Pie X, à plusieurs reprises, a mis en garde les catholi-

---

(1) Encyclique *Singulari quâdam*.

ques contre ce genre d'organisations mixtes basées sur le principe de la neutralité.

« Quand il s'agit, dit-il, d'associations qui, directement ou indirectement, se rapportent à la cause de la religion et des bonnes mœurs, on ne saurait approuver d'aucune façon, dans les pays catholiques, qu'on voulût favoriser et propager des associations mixtes, c'est-à-dire, ici, des associations composées de catholiques et de non-catholiques.

« Pour ne toucher que ce point, ajoute-t-il, c'est incontestablement à de graves périls que les associations de cette nature exposent ou peuvent certainement exposer l'intégrité de la foi de nos catholiques et la fidèle observance des lois et préceptes de l'Eglise catholique. »

Nous pourrions multiplier les citations. Toutes affirment le devoir de la confessionnalité dans les œuvres catholiques.

Il y a quelque temps, à Notre-Dame de Paris, le P. Janvier résumait l'enseignement si sage de l'Église sur cette grave question :

« Les œuvres *mixtes* ou *neutres* se ressentent, disait-il, de ce qu'il y a de faux et de bâtard à leur origine. La plupart du temps, les catholiques, qui sont en minorité, sont dupes, n'exercent aucune influence, se trouvent noyés dans une majorité qui décide de tout, et, en réalité, imprime une direction conforme à ses idées, à ses sentiments, à ses intérêts. Les croyants, désireux de participer aux bénéfices des associations dont ils sont membres, sont obligés de renoncer, en tout ou en partie, à leurs convictions... Leur foi est souvent exposée, car ils subissent presque fatalement l'influence du milieu et, à chaque instant, ils cèdent un peu plus sur la question de religion. L'expérience nous apprend que, sur le terrain social et sur le terrain politique, par exemple, ce mélange de croyants et d'incroyants presque toujours nous a été funeste, que les individus et les groupes catholiques, mêlés aux socialistes, aux protestants, aux partis non chrétiens, ont presque toujours fini par verser dans les idées propres à ces partis. »

S'il ne s'agissait que d'Associations où l'on s'occupe exclusivement de sports, de préparation militaire, comme il en est beaucoup, Nous n'aurions rien à y voir ; ou plutôt, Nous applaudirions de tout cœur. Car rien de ce qui peut contribuer à la grandeur de la France ne saurait Nous trouver insensible.

Mais, à l'éducation physique, les Boy-Scouts ont voulu joindre la culture morale. Dès lors, ils ont éveillé nos susceptibilités ; ce n'est pas à eux qu'il a été dit : *allez, enseignez..., qui vous écoute m'écoute..., laissez venir à moi les petits enfants...*

Ils ont voulu avoir une religion bien à eux. Faisant abstraction du passé, négligeant l'idée de Dieu, ou la tolérant comme hypothèse permise, ils ont inventé *là religion de l'honneur*. S'étonneront-ils si l'Église intervient pour protéger l'âme des enfants contre des théories et des pratiques qui conduisent nécessairement à l'oubli, au mépris de la religion chrétienne, à l'incroyance, à la libre-pensée ? Un curé de Pau nous écrivait hier : « On conduit fatalement ces pauvres enfants à l'indifférentisme. »

Faut-il ajouter que plusieurs évêques de France ont interdit aux catholiques de faire partie de l'Association des Boy-Scouts ?

Des plaintes nombreuses s'élèvent contre les parades ou expéditions du dimanche. Au début, par des horaires heureusement combinés, on facilite l'audition de la messe aux enfants qui veulent l'entendre. Bientôt, sous le prétexte de voyages plus longs, d'horaires difficiles à établir, toutes ces concessions s'évanouissent ; le dimanche ne garde plus son caractère religieux (1).

(1) Voici ce que, ces jours derniers, *La Croix* de Paris écrivait :
« On a fort regretté à Calais, sans s'étonner outre mesure, que les boy-scouts aient été convoqués à une réunion obligatoire, précisément à l'heure de la messe le dimanche de Pâques au matin. N'aurait-on pu laisser ce jour-là les enfants à leurs devoirs religieux, d'autant plus que le lendemain était férié ?
« Il est vrai que les francs-maçons de Calais, qui sont à la tête du groupe des boy-scouts, ont avant tout souci de satisfaire leurs passions sectaires. »

A notre tour, Nous défendons aux parents catholiques de laisser leurs enfants s'enrôler parmi les Boy-Scouts.

Nos groupes sont largement ouverts à toutes les bonnes volontés. Mais ils sont et resteront catholiques, Nous n'y admettons que des catholiques soumis au Pape, obéissant à leur évêque, à leurs prêtres. Nous ne sommes pas de ceux qui méconnaissent, ignorent Dieu dans les actes de la vie publique, et le remplacent par de vaines chimères, inventées par la raison humaine en délire.

Ne faisons pas descendre Dieu de son piédestal pour le cacher comme un importun ou le mêler à la foule des idoles païennes, où tout est Dieu sauf Dieu lui-même.

A vos jeunes gens, CHERS MESSIEURS, à leurs parents, vous redirez que l'on ne doit jamais rougir de son Dieu en public, ni le renier ; que c'est lâcheté, ingratitude. Les libres-penseurs, et ceux qui ne sont pas assurés de tenir la vérité, peuvent consentir de telles capitulations. Mais nous, les croyants, nous catholiques, en toute circonstance, toujours, confessons fièrement notre Dieu, et adorons-le humblement, dans les manifestations de notre vie publique comme dans les actes de la vie privée.

Ce faisant, vous serez, CHERS MESSIEURS, les bienfaiteurs de notre jeunesse, vous gagnerez et retiendrez la confiance des parents, vous appellerez sur vos travaux les bénédictions du ciel, et vous pourrez compter sur l'affectueuse reconnaissance, le dévouement inaltérable de votre évêque.

Fait en la solitude de S. Bernard, près Bayonne, le 3 Mai 1914, en la Solennité de S. Joseph.

† FRANÇOIS-MARIE,

Évêque de Bayonne, Lescar et Oloron.

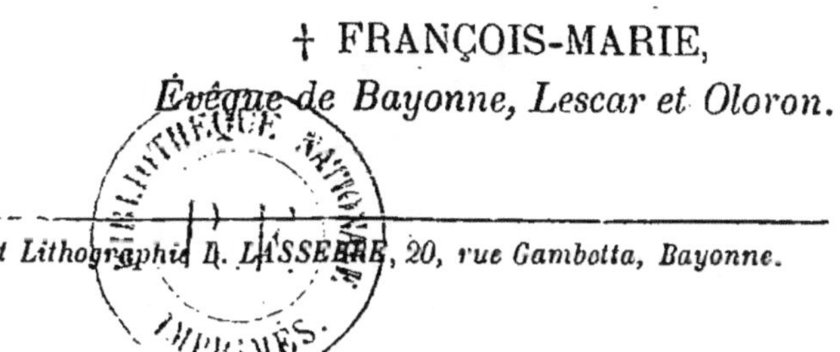

Imprimerie et Lithographie D. LASSERRE, 20, rue Gambetta, Bayonne.

www.ingramcontent.com/pod-product-compliance
Lightning Source LLC
Chambersburg PA
CBHW051458060726
47596CB00006B/2818